FAUT-IL

CONVERTIR SON 4 $\frac{1}{2}$ % ?

PAR

FRÉDÉRIC DE CONINCK

RENTIER

Dans le doute abstiens-toi.
Tout vient à point à qui sait attendre.

HAVRE

FÉVRIER 1862

HAVRE. — IMPRIMERIE ALPH. LEMALE, QUAI D'ORLÉANS, 9.

FAUT-IL

CONVERTIR SON 4 $^1/_2$ % ?

Faut-il convertir son 4 $^1/_2$ % ?

Faut-il le garder et voir venir ?

Telles sont les questions qui se font aujourd'hui et qu'adressent à leurs amis et connaissances des milliers de rentiers. J'ai résolu ces questions, en ce qui me concerne, dans le sens *de la non-conversion*, et je viens en déduire les motifs, sans autre objet que celui d'être utile à de petits rentiers qui ont besoin de l'intégralité de leur revenu, et qui, moins que moi, peut-être, ont eu le loisir d'étudier les deux alternatives offertes.

Le Gouvernement, en présentant la Loi de conversion avec soulte, ne demande pas la charité aux rentiers, dont beaucoup seraient plutôt dans le cas de la recevoir. Il ne prétend pas davantage *lever un impôt de Deux Cent Millions* sur les seuls détenteurs de rentes 4 $^1/_2$.

Ce que veut l'État, c'est faire à ces rentiers *une proposition* qui, si elle était acceptée par tous, ferait, suivant M. Fould, arriver F. 200,000,000 dans le Trésor, et serait en même temps très avantageuse aux rentiers.

Une transaction entre un débiteur et son créancier, également profitable à tous les deux, serait, il faut en convenir, un de ces rares phénomènes invitant à l'investigation des faits qui devraient le produire.

Le Gouvernement dit à un rentier, ayant F. 450 de rente 4 $\frac{1}{2}$: « *Donnez-moi F. 540 et je vous donnerai en échange de votre titre la même rente en 3 %. — Ou, en d'autres termes : Donnez-moi F. 450 de rente 4 $\frac{1}{2}$ et je vous rendrai F. 425 de rente 3 %. — Si vous me refusez gare à vous ! car je pourrais vous rembourser F. 10,000 et vous n'auriez plus de rente !* »

Si le rentier acceptait la proposition, l'État aurait gagné F. 540, mais le rentier converti *les aurait perdus*. Ceci est hors de conteste.

Mais, dira-t-on, peut-être, si le rentier ne consent pas à perdre ces F. 540, ou à se contenter de F. 425 de rente au lieu de F. 450 qu'il avait, il perdra davantage ; car l'État lui remboursera F. 10,000 ; et, pour cette somme, il ne se procurera pas F. 425 de rente, et il se trouvera avoir mal compris ses intérêts en n'acceptant pas la proposition de conversion que vient lui faire le Gouvernement.

Raisonner ainsi ne serait que faire une pétition de principes et ne prouverait rien.

Pour légitimer la proposition tendant à la conversion, on fait deux suppositions : la première, c'est que, si les rentiers n'acceptent pas l'offre du Gouvernement, *ils seront remboursés;* la seconde, c'est que les rentiers, étant remboursés à F. 100, ne trouveraient pas à placer leur argent à $4\,^1/_4\,^0/_0$.

Suivant que ces deux suppositions seront considérées comme fondées ou non, sur les probabilités, les détenteurs de $4\,^1/_2$ devront le convertir en $3\,^0/_0$ et se contenter de $4\,^1/_4$, ou *refuser la conversion, garder leur $4\,^1/_2$ et voir venir.*

Il est évident que si tous les détenteurs de $4\,^1/_2$ refusaient la conversion, l'État ne saurait, en aucune façon, leur rembourser les QUATRE MILLIARDS environ que représentent à F. 100 les 175 Millions de rentes $4\,^1/_2$.

Si *la moitié* même des détenteurs du $4\,^1/_2$ acceptait la conversion, l'État ne saurait pas davantage rembourser les DEUX MILLIARDS qu'il faudrait donner à la seconde moitié de ces rentiers; car, s'il est facile de constituer un *Syn-*

dicat de Banquiers qui, avec Cent Millions empruntés à Londres, peut se charger pendant quelques mois de pousser et de soutenir le cours de la rente à la Bourse de Paris, il serait *tout à fait impossible* de faire rembourser Deux Milliards par n'importe quel Syndicat, quelque friand que fût le morceau pour les financiers qui en seraient chargés. Le Crédit Mobilier lui-même, qui use beaucoup, serait obligé de décliner la tâche et de dire : *Ils sont trop verts, etc.*

On peut donc hardiment prédire que si la moitié des détenteurs du 4 $^1/_2$ refuse de payer la soulte de conversion et garde ses titres; ces détenteurs *ne seront pas remboursés de longtemps;* et bien fou aujourd'hui qui sacrifie les certitudes du présent pour les éventualités d'un avenir éloigné.

Les non-convertis conserveront donc une rente de 4 $^1/_2$ alors que les convertis n'auront plus que 4 $^1/_4$, et les convertis ne jouiront pas plus que les non-convertis de la chance de hausse du 3 $^0/_0$ par l'effet supposé de *l'unification de la dette,* car il continuera à y avoir du 4 $^1/_2$ faisant concurrence au 3 $^0/_0$ [1].

---

[1] Suivant M. Fould le 4 $^1/_2$ étant à F. 100, le 3 $^0/_0$ ne peut pas dépasser sensiblement F. 66 66. (Exposé des Motifs.)

Les rentiers convertis n'auraient donc, sous aucun rapport, à se féliciter d'avoir accepté la combinaison Fould, et au lieu d'adresser des remercîments à l'État, ils seraient peut-être plus fondés à lui reprocher d'avoir, par les opérations anormales du Syndicat des Banquiers, fait naître chez eux des espérances chimériques de bénéfices, ou la crainte plus chimérique encore d'un remboursement impossible.

J'arrive à la seconde supposition, celle où par impossible le remboursement serait effectué; et je me demande si un rentier, ayant reçu F. 10,000 en remboursement de F. 450 de rente 4 $^1/_2$, et ayant économisé F. 540 de soulte en ne se faisant pas convertir, serait, comme on le prétend, dans l'impossibilité d'avoir comme les convertis F. 425 de rente?

Pour que ce rentier ne pût pas acheter du 3 %, il faudrait que ce fonds fût à plus de F. 70 50 c., et ce cours pourra fort bien ne pas être *dépassé*, dès que le Syndicat des Banquiers liquidera son opération à la hausse, et que cessant *d'acheter beaucoup de rentes*, il en aura *beaucoup à vendre* pour rembourser ses amis de Londres.

Si l'argent anglais a été sans effet sur le cours ascensionnel de la rente, pourquoi a-t-on été le chercher ? Et si ces capitaux ont contribué à la hausse, il est clair que leur retour à leur source contribuera à la baisse. Il n'est pas nécessaire d'être grand financier, ni grand économiste pour comprendre cela.

Ce n'est pas seulement le Syndicat qui aura des masses de rentes 3 % à vendre, après en avoir eu des masses à acheter aux risques et périls du Gouvernement [1]; ce sont aussi tous ces spéculateurs qui, profitant de la frayeur inspirée par le projet de conversion à une foule de petits rentiers 4 $\frac{1}{2}$, et croyant à la fantasmagorie du bénéfice à réaliser sur le 3 %, *en sus de la soulte,* ont acheté leurs titres pour se faire convertir et réaliser aussitôt ce prétendu bénéfice.

Les détenteurs sérieux du 4 $\frac{1}{2}$, qui ne se laissent pas aller au mal de la peur, et qui n'acceptent pas sans examen *la proposition* du Gouvernement, se rappelleront qu'après la conversion des rentes, en

---

[1] « Comment expliquer l'élan rapide et subit qu'a pris la » rente dans ces derniers temps ? Je n'apprendrai rien à per- » sonne en disant qu'on a exercé une pression sur le marché » des fonds publics. Il n'est point nécessaire d'interroger les » habitués de la Bourse pour savoir qu'une association de » capitalistes opère pour le compte du Gouvernement et à » ses périls et risques. »

(Voir le *Moniteur*, Discours de M. DARIMON.)

1825, on a vu le 3 %$_0$ baisser de F. 15 en six mois, tomber de F. 75 à F. 60! Il n'y avait pourtant pas alors près D'UN MILLIARD de Dette flottante, et la dette inscrite était bien moins forte qu'elle ne l'est aujourd'hui; il n'y avait pas non plus l'écrasante concurrence, pour la rente, des Obligations de Chemins de Fer, et l'ordre dans les finances était au moins aussi satisfaisant qu'il l'est aujourd'hui. Charles X ni Louis-Philippe n'ont jamais eu à écrire une aussi belle lettre que celle du 14 Novembre, adressée par l'Empereur à M. Fould.

Il est dans l'ordre des choses, qu'après une hausse produite par des moyens factices, il vient une baisse qui dépasse le cours réel, et que ce n'est que lorsque toutes choses sont rentrées dans leur état normal que le cours naturel se rétablit.

Avec l'énorme masse d'obligations de Chemins de Fer, émises et à émettre sous la garantie de l'État, et remboursables à F. 500, il semble difficile, en présence de nos éventualités politiques, qui établissent une si grande différence dans le crédit public entre l'Angleterre et la France, que le 3 %$_0$ puisse rester longtemps au-dessus de F. 70. Je dis *longtemps*, car il est toujours facile, par des moyens factices, de faire *momentanément* dépasser à ce fonds son cours naturel.

Le rentier remboursé, qui placerait provisoirement son argent en Bons du Trésor, même à 3 %, perdrait F. 1 ½ % par an; mais comme il aurait économisé les F. 5 40 de soulte, il aurait, sans perte, près de QUATRE ANS pour rentrer dans la rente, et à quelle époque a-t-on vu, en France, les fonds publics rester *quatre ans* sans des moments *de baisse prononcée ?*

Avec notre goût pour des lauriers à cueillir sur tous les points du globe (¹), notre habitude des occupations militaires indéfiniment prolongées, et avec nos dispositions à faire en tout grandement les choses, il ne faut pas se dissimuler qu'il y a beaucoup de chances de voir le Grand-Livre se rouvrir de temps en temps; ce qui pourrait offrir aux rentiers *remboursés* des placements plus avantageux que celui qu'ils feraient en acceptant aujourd'hui la conversion, et en payant *la soulte.*

Si depuis un certain temps on avait vu le cours du 4 ½ porté *au-dessus du pair,* par

---

(¹) M. Kœnigswarter a dit dans son excellent discours contre la conversion : « Dans nos Bureaux on a parlé des frais de » la guerre de Cochinchine et de Chine, et on a évalué les » frais de ces deux expéditions à F. 240,000,000. Viendront » les frais de la guerre du Mexique, etc. » (Voir le *Moniteur.*)

l'abondance des capitaux, on aurait compris l'opération financière de M. Fould, car on aurait alors pu admettre que la crainte du remboursement retenait ce fonds au-dessous des cours qu'il aurait eus, s'il avait été à l'abri de ce remboursement, et qu'il résultait de cette éventualité une dépression anormale du 3 %; mais entreprendre une conversion si colossale et si délicate, alors que le 4 ½ s'est toujours tenu *au-dessous de F. 100*, et n'a, par conséquent, nullement empêché le 3 % de prendre son cours naturel, et faire cela une année de disette, où la France a peut-être *trois cent millions* à dépenser pour faire venir du blé de l'étranger, cela semble plus que de la hardiesse et moins que de l'habileté.

Au lieu d'inquiéter et de mécontenter une foule de petits rentiers, qui ne voient que la diminution de leur mince revenu, et qui ne se préoccupent aucunement de la théorie de l'augmentation du capital; au lieu de mécontenter aussi importeurs et consommateurs de sucre, en augmentant les droits qui venaient à peine d'être diminués, et de faire ainsi passer l'État aux yeux du public français et étranger, pour avoir peu de fixité de vues, M. Fould n'aurait-il pas bien plus facilement et bien plus sûrement obtenu les **Deux Cent Millions** qu'il demande aux seuls détenteurs du 4 ¹/₂, *en les demandant* à un Emprunt, et en remettant à une époque plus prospère et plus opportune, une conversion très désirable sans doute, mais pour laquelle le cours des fonds publics indiquait clairement que l'heure voulue n'avait pas encore sonné?

N'est-il pas évident que depuis que le Gouvernement de l'Empereur a eu le talent et le grand mérite d'admettre les plus petites bourses au bénéfice des Emprunts, ceux-ci ont pris un tout autre caractère qu'à l'époque où ils se contractaient avec les seuls princes de la finance?

Un Emprunt, aujourd'hui, c'est *tout le monde* prêtant à *tout le monde*, et, par conséquent, personne n'a le droit de s'en plaindre. La postérité profitera, d'ailleurs, assez de la gloire que la France a si chèrement acquise depuis que l'Empire n'est plus la paix, pour pouvoir en payer un peu plus largement sa part, sans avoir le droit de s'en plaindre.

En résumé, l'avenir étant voilé pour les plus clairvoyants, comme pour les aveugles, personne ne peut dire, d'une manière absolue, que ceux qui garderont leur 4 ¹/₂ et qui attendront de pied ferme un remboursement impossible, feront mieux que ceux qui accepteront la conversion; mais *les probabilités* semblent évidemment être en leur faveur, et si M. A. Chevallier voit juste, ils auraient plus tard beaucoup de chance de se voir offrir une conversion *sans soulte.*

En effet, M. Auguste Chevallier, frère du grand économiste, en parlant comme député en faveur de la conversion, a prétendu démontrer que cette opération aurait pour conséquence l'unification de la dette; que la dette *unifiée,* une forte hausse du 3 % était inévitable, et que la hausse de la rente produirait une baisse correspondante sur l'intérêt des capitaux, et deviendrait la source de grands revenus pour l'État et d'une incalculable prospérité pour le commerce et l'industrie, qui, dit-il, produisent en moyenne 10 %, intérêts de fonds compris.

Dans l'intérêt de la science de l'Économie Politique, j'aurais peut-être bien quelques observations à faire sur cette *cascade* qui me semble aller *de bas en haut,* tandis que les lois de la nature veulent que les cascades coulent *de haut en bas;* mais ici je prends pour constant tout ce que M. A. Chevallier a dit pour soutenir l'opération *Fould,* et je me dis que si réellement l'unification de la dette doit produire les énormes bénéfices si ingénieusement chiffrés par M. A. Chevallier, (page 171 du Moniteur), *il est certain* que l'État offrira aux rentiers, qui n'auront

pas voulu se convertir, de les convertir SANS
SOULTE.

La soulte est de 200 Millions (¹). Supposons *la
moitié* des rentiers refusant la conversion; l'État
perdrait 100 Millions, en les convertissant *sans
soulte;* mais M. A. Chevallier nous apprend que

(¹) A F. 5,40 de soulte payée à terme, le produit impro-
bable, mais *possible*, serait de 207 Millions. A F. 5,26 $^1/_2$, c'est-
à-dire la soulte escomptée, le produit serait de 202 Millions,
moins les frais de Syndicat et autres.

A 4 $^1/_2$ les 173 Millions de rentes à convertir constituent
une dette pour l'État de TROIS MILLIARDS NEUF CENT MILLIONS,
tandis que la conversion en 3 % éleverait cette dette à CINQ
MILLIARDS NEUF CENT CINQUANTE MILLIONS. L'État se trouverait
donc engager sa signature pour un excédant de dette de plus
de DEUX MILLIARDS, pour se procurer *Deux Cent Millions* !

S'engager pour *Mille francs*, pour avoir *un franc* comptant,
ne ressemblerait-il pas un peu à la conversion que fit Esaü,
en se faisant donner pour *soulte* un plat de lentilles ? M. Fould
répondra que l'État aussi *a faim* et que, du moment où il
n'augmente pas sa rente à payer, peu lui importe d'augmenter
le chiffre de sa dette, vu qu'il n'a aucune possibilité de la
rembourser de bien longtemps. Mais alors je lui pose ce
dilemne : Si le remboursement est impossible, pourquoi en
menacer les rentiers, pour en obtenir par une peur chimérique F. 5 40 par chaque F. 4 50 de rente ? Et s'il existe
pour l'État une éventualité de remboursement *même très
éloigné*, comment l'État pourrait-il y renoncer pour un avan-
tage comparativement fort insignifiant pour le Trésor, mais, en
lui-même, fort onéreux pour les petits rentiers ?

la hausse des salaires, suite de l'augmentation de bénéfice de l'industrie, suite de l'abaissement de l'intérêt des capitaux, suite de la hausse du 3 %, suite de l'unification de la dette, suite elle-même de la conversion, produirait au Trésor, en droits de consommation, une augmentation annuelle de revenus de plus de 15 Millions par an !

Or, un revenu de 15 Millions acquis par un sacrifice, une fois fait, de 100 Millions, représente un placement à 15 %. L'État devra donc, au plus vite, se faire autoriser à remplacer par un emprunt à 4 1/2 *les soultes* que les détenteurs entêtés du 4 1/2 auront été assez peu aimables pour lui refuser, et quand une Loi sera présentée à cet effet, je propose à M. Fould de charger M. A. Chevallier de la soutenir.

En attendant, je recommande aux détenteurs du 4 1/2, *qui hésitent* sur la réponse qu'ils ont à faire à la proposition de conversion, de se rappeler ce proverbe :

Dans le doute abstiens-toi.

Si la conversion ne réussit que pour moitié, ceux qui n'auront pas converti auront sagement fait de garder leur *soulte* ; et s'il y avait un succès de *trois quarts*, il est infiniment probable qu'un nouveau délai serait accordé aux convertis, pour leur laisser le temps de se repentir :

Tout vient à point à qui sait attendre.

HAVRE, le 13 Février 1862.